Ingo Sperl

Die Fülle meiner Jahre

Ein Wegbegleiter
in der Zeit
des Älterwerdens

Deutsche Bibelgesellschaft

ISBN 3-438-04405-6

Bibeltexte:
Lutherbibel, revidierte Fassung 1984,
durchgesehene Ausgabe in neuer Rechtschreibung

Liedtext »Vertraut den neuen Wegen«:

Illustrationen: Irmhild Reinker-Schlüter
Satz: Digitalwerk Bauer, Waiblingen

Printed in Germany

Inhalt

Vorwort

Die vorliegenden Gedanken zu biblischen Texten sind im Kontakt mit zahlreichen älteren Menschen in Alten- und Pflegeheimen gewachsen. In Andachten haben wir nach Antworten des Glaubens auf die Situation der Ältergewordenen gesucht.

Als diese Menschen ins Heim gezogen sind, haben sie viel Vertrautes zurückgelassen: die selbst gestalteten Räume, den gewohnten Blick aus dem Fenster, die bekannten Nachbarn, ja, selbst die Geräusche eines Stadtteils oder den Geruch eines Treppenhauses. Nichts ist mehr, wie es war.

Alle Älteren haben nahe Menschen verloren und wissen, wie es ist, wenn das Leben ärmer wird. Es gibt oft nur noch wenige, die gemeinsame Erinnerungen mit ihnen teilen. Die Jungen haben ihre eigenen Geschichten.

In den Andachten haben wir versucht, Vertrautes wiederherzustellen: Wir lassen Kerzen brennen zur Erinnerung an die lichten Erfahrungen unseres Lebens. Wir singen Choräle, die die meisten noch auswendig gelernt haben. Es werden Texte gelesen, die viele mitsprechen können. Die einen haben sich eine jugendlich wirkende Neugier bewahrt. Die anderen wollten nichts Neues mehr hören. Manche konnten mit ihren Einschränkungen umgehen und Dankbarkeit ausstrahlen. Manche sind bitter geworden und hart.

Ich habe in den Andachten viel in ihren Gesichtern gelesen. Und beim Schreiben dieses Buches waren sie mir stets vor Augen und haben mich begleitet. Dafür bin ich ihnen zutiefst dankbar. Viele werde ich nie vergessen.

Mit diesem Buch möchte ich etwas von meinen Erfahrungen und Gedanken weitergeben an Menschen, die nach Antworten auf die Herausforderungen ihres Älterwerdens suchen. Und ich möchte denen, die mit Älteren zu tun haben, Anregungen für das Alter aus biblischen Texten an die Hand geben. Dabei können schließlich alle Generationen Hilfreiches erfahren, denn die Themen der Älteren sind letztlich dieselben wie die der Jüngeren.

Es gibt keinen biblischen Anspruch, der uns anders haben will, als wir sein können. Die Alten haben das oft anders gelernt. So wie sie den weltlichen Autoritäten manchmal nicht genügten, meinen sie Gott nicht zu genügen. Oft genug belasten sich die Älteren mit Gewissensbissen, Schuldgefühlen und unterdrückter Wut auf einen ungerechten Gott. Umso mehr werden wir Luthers gnädigen Gott zur Sprache kommen lassen müssen, den, der unser Klagen hört und uns unsere Schuld vergibt.

Es würde mich freuen, wenn Sie, liebe Leserinnen und Leser, in diesem Sinne ein Stück Wegs mit diesem Buch gehen. Es will Sie zu Erinnerungen Ihres Lebens mitnehmen und aus der Vielfalt biblischen Zeugnisses zu Begegnungen einladen.

Ingo Sperl

Auf Gott vertrauen

Solange die Erde steht – Gottes großes Versprechen

Im ersten Teil der Bibel lesen wir ein großes Versprechen. Gott sagt:

Ich will hinfort nicht mehr die Erde verfluchen um der Menschen willen; denn das Dichten und Trachten des menschlichen Herzens ist böse von Jugend auf. Und ich will hinfort nicht mehr schlagen alles, was da lebt, wie ich getan habe. Solange die Erde steht, soll nicht aufhören Saat und Ernte, Frost und Hitze, Sommer und Winter, Tag und Nacht. *1. Mose/Genesis 8,21-22*

Die Sintflut hat alles vernichtet. Die einzigen Überlebenden sind Noah mit seiner Familie und die Tiere, die er mitgenommen hatte. Aus der größten Katastrophe heraus gilt Gottes Versprechen: Nie wieder soll sich so eine Vernichtung ereignen! Nie wieder soll so ein Untergang stattfinden. Gottes Versprechen gilt seitdem für alle Generationen. Solange die Erde steht, wird es Geburt und Tod geben, Trauer und Freude, Trost und Verzweiflung, aber auch Hoffnung und Gemeinschaft.

Was Gott versprochen hat, erfahren wir in einem langen Leben auf vielfältige Weise. Und im Alter kennen wir die Erfahrung, dass uns zwar Krisen und Ausweglosigkeiten immer wieder zugemutet werden, dass wir aber auch Wege aus der Krise finden können und Gottes Hilfe ganz unerwartet und ungeplant erkennbar wird.

Manchen mag diese Erfahrung Zuversicht schenken und ein ganz besonderes Vertrauen: Wenn mir schon so oft wieder neue Türen aufgegangen sind, warum dann nicht auch jetzt? Die Wiederholung von Saat und Ernte, von Frost und Hitze, von Sommer und Winter, von Tag und Nacht zeigt uns, dass das Leid nicht ewig dauert. Das tröstet uns.

Doch auf der anderen Seite wird deutlich, dass auch das Glück niemals von Dauer ist. Die Zusage Gottes wird uns hier zur Aufgabe: Es ist die Schule des Älterwerdens, dass wir nicht nur den Trost annehmen, sondern auch das Hoffen über alles Vergehen hinaus lernen.

Der unvergängliche Gott bietet uns dabei seine Hand: Er schließt einen Bund mit den Menschen. Der Regenbogen soll ein Zeichen der Erinnerung an sein Versprechen sein.

Der Regenbogen: Gottes Zeichen

Gott sprach: Das ist das Zeichen des Bundes, den ich geschlossen habe zwischen mir und euch und allem lebendigen Getier bei euch auf ewig: Meinen Bogen habe ich in die Wolken gesetzt; der soll das Zeichen sein des Bundes zwischen mir und der Erde. Und wenn es kommt, dass ich Wetterwolken über die Erde führe, so soll man meinen Bogen sehen in den Wolken. Alsdann will ich gedenken an meinen Bund zwischen mir und euch und allem lebendigen Getier unter allem Fleisch, dass hinfort keine Sintflut mehr komme, die alles Fleisch verderbe. *1. Mose/Genesis 9,12-15*

Nie wieder soll die Erde und alles Leben zerstört werden. Das ist die Botschaft, für die der

Regenbogen steht. Wann immer Menschen sich bedroht fühlen, wann immer Angst wächst, soll dieser Regenbogen am Himmel daran erinnern, dass nach dem Regen die Sonne scheint und nach der Nacht ein Tag anbricht. Er ist ein Zeichen der Hoffnung und der Zukunft.

Als Kind hat mir mein Vater den Regenbogen gezeigt. So viele Farben hatte er! So weit weg war er. Er bog sich bis ans Ende der Welt. »Wo hört der Regenbogen auf?«, habe ich den Vater gefragt. »Berührt er die Erde? Kann man dorthin laufen?« »Ja«, hat er gesagt, »er berührt die Erde und man kann dorthin laufen. Aber bis man ankommt, ist er vielleicht schon wieder weg.«

Der Regenbogen ist ein Zeichen der Zukunft in seinen vielen Farben. So reich wünschen wir uns unsere Zukunft, so vielfältig, so unendlich weit. In unserem Leben wird es nicht immer nur Sonnenschein geben können, doch gerade die Fülle der Erfahrungen, positiver wie negativer, macht ein reiches Leben aus. Der Regenbogen spielt es uns am Himmel vor: Erst braucht es die dunklen Wolken der Sorgen, dann das neue Licht – und aus beidem zusammen entstehen die Farben des Regenbogens.

Wir können auf das Ende des Regenbogens zulaufen, aber bis wir dort ankommen, ist er schon wieder weg. Das war eine gute Antwort meines Vaters, denn so ist es auch mit unserer Zukunft: Wir sehen sie vor uns, doch wir können sie nicht greifen, nicht festhalten. Niemand garantiert uns, dass sie genauso wird, wie sie uns im Moment vor Augen steht. Oft kommt sie anders, als wir sie uns ausmalen.

Hier zeigt sich etwas von der Verwandlung, der alles Leben unterliegt: Es gibt Zukunft, aber wenn wir sie erreichen, ist sie schon nicht mehr Zukunft, sondern Gegenwart. Sie wird unsere Gegenwart und dann Vergangenheit. Nur so haben wir die Zukunft, in dieser Verwandlung.

Es ist gut, der Zukunft mit dem Versprechen des Regenbogens getrost entgegenzugehen. Malen wir sie uns ruhig aus, in allen Farben, wie die

Träumenden! Wir brauchen unsere Träume, um unser Herz aufzumachen für das, was kommt.

Der Regenbogen ist selbst wie ein Traum, wie die schönen Bilder unserer Hoffnungen. Er steht gegen die dunklen Gewitterwolken. Wenn er kommt, ist das Dunkle vergangen. Doch kaum hast du ihn entdeckt, da ist er schon wieder verblasst. Als Zeichen für die Zukunft sagt er uns: Die Nacht deiner Sorgen kann vergehen. Ein neuer Tag will beginnen. Das Alte verblasst und tritt in den Hintergrund. Du hast eine neue Chance für dich!

Er hat mich bei meinem Namen gerufen

Und nun spricht der Herr, der dich geschaffen hat, Jakob, und dich gemacht hat, Israel: Fürchte dich nicht, denn ich habe dich erlöst; ich habe dich bei deinem Namen gerufen; du bist mein!

Jesaja 43,1

Der Name ist das Persönlichste, was jeder Mensch im Leben geschenkt bekommt. Die Eltern sprechen ihre Kinder mit ihrem Namen an, bevor diese selbst sprechen können. Er ist das Zärtlichste, was wir am Anfang unseres Lebens hören.

Nichts geht uns so tief wie der Klang unseres Namens. Mehr als wir selbst über uns wissen, mehr als wir über uns sagen können, sagt unser Name. Er meint uns ganz. Er meint uns mit unserer Geschichte, mit unserer Herkunft, mit allem, was wir sind und sein können.

Wenn wir ihn hören, erzeugt er in uns so etwas wie ein Echo. In uns antwortet es:
In uns antwortet Zärtlichkeit, wo wir liebevoll angeredet werden.
In uns antwortet Angst, wo wir streng angesprochen werden.
In uns antwortet Neugier, wenn einer auf uns zugeht.
In uns antwortet Vertrauen, wenn eine bekannte Stimme unseren Namen sagt.

»Fürchte dich nicht!«, das ist uns gesagt, wenn Gott uns bei unserem Namen ruft. Und auf diesen Ruf antwortet in uns das Herz.

Im Neuen Testament spricht der auferstandene Jesus eine trauernde Frau mit ihrem Namen an. Sie fühlt sich verlassen. Die Tränen fließen. Da hört sie ihren Namen: »Maria!« Plötzlich kann sich ihre Situation verändern.

Maria begegnet dem auferstandenen Jesus

Maria aber stand draußen vor dem Grab und weinte. Als sie nun weinte, schaute sie in das Grab und sieht zwei Engel in weißen Gewändern sitzen, einen zu Häupten und den andern zu den Füßen, wo sie den Leichnam Jesu hingelegt hatten. Und die sprachen zu ihr: Frau, was weinst du? Sie spricht zu ihnen: Sie haben meinen Herrn weggenommen, und ich weiß nicht, wo sie ihn hingelegt haben. Und als sie das sagte, wandte sie sich um und sieht Jesus stehen und weiß nicht, dass es Jesus ist. Spricht Jesus zu ihr: Frau, was weinst du? Wen suchst du? Sie meint, es sei der Gärtner, und spricht zu ihm: Herr, hast du ihn weggetragen, so sage mir, wo du ihn hingelegt hast; dann will ich ihn holen. Spricht Jesus zu ihr: Maria! Da wandte sie sich um und spricht zu ihm auf Hebräisch: Rabbuni!, das heißt: Meister! *Johannes 20,11-16*

In der Trauer hat Maria nicht mehr über sich hinausgesehen. Der Tag schien ihr wie die Nacht. Es war die vertraute Stimme, die ihre Augen neu geöffnet hat. Der Klang ihres Namens hat sie aufhorchen lassen. Sie kann wieder aufblicken und hören. Der Klang ihres Namens hat sie wieder ins Leben gerufen.

Wo Gott uns bei unserem Namen ruft, antwortet es in uns. Auch der Rufende selbst hat einen Namen. Er offenbart ihn dem Mose, als der ihn danach fragt.

Gott gibt sich Mose zu erkennen

Mose sprach zu Gott: Siehe, wenn ich zu den Israeliten komme und spreche zu ihnen: Der Gott eurer Väter hat mich zu euch gesandt!, und sie mir sagen werden: Wie ist sein Name?, was soll ich ihnen sagen?
Gott sprach zu Mose: Ich werde sein, der ich sein werde. Und sprach: So sollst du zu den Israeliten sagen: »Ich werde sein«, der hat mich zu euch gesandt. Und Gott sprach weiter zu Mose: So sollst du zu den Israeliten sagen: Der Herr, der Gott

eurer Väter, der Gott Abrahams, der Gott Isaaks, der Gott Jakobs, hat mich zu euch gesandt. Das ist mein Name auf ewig, mit dem man mich anrufen soll von Geschlecht zu Geschlecht.

2. Mose/Exodus 3,13-15

Wo wir bei unserem Namen gerufen werden, antwortet es in uns auch auf den geheimnisvollen Namen Gottes. »Ich werde sein, der ich sein werde.« Deutlicher kann nicht gesagt werden, wer Gott ist, weil er unser Verstehen unendlich übersteigt. Aber mit seinem Namen gibt er uns eine Ahnung von sich selbst. Wer ist es, der uns ruft?

»Ich werde sein, der ich sein werde« – darin klingt etwas davon mit, dass Gottes unfassbarer Name mit Ewigkeit zu tun hat. Und so erfahren wir von ihm auch etwas über unseren eigenen Ursprung. Aus dem Fluss von Gottes Ewigkeit kommen wir. Wir sind beim Namen gerufen, noch bevor wir denken können, und sind Teil eines Lebens, das Anfang und Ende hat, aber eingebettet bleibt in diesen »Namen« Gottes: »Ich werde sein, der ich sein werde.«

Wenn Mose so den Namen Gottes erfährt und weitersagt, spricht er von dem, der alle Zeit umspannt. Wo dieser ewige Gott uns anspricht, eröffnet sich Zukunft. Es entsteht die Gelassenheit, die darauf vertraut, dass immer noch mehr kommen will, als wir jetzt sehen können.

Der, der sein wird, ruft uns bei unserem Namen. Im Anruf Gottes und in unserer Antwort wächst eine Beziehung, die uns tröstet. Wo Gott, der Ewige, uns bei unserem Namen ruft, müssen wir uns nicht mehr fürchten. Er richtet unseren Blick über uns selbst hinaus: Da ist mehr, als wir in unseren Sorgen sehen!

Dieser Blick über uns selbst hinaus gibt neben dem Trost auch Frieden Raum. So heißt es an anderer Stelle:

Gnade sei mit euch und Friede von dem, der da ist und der da war und der da kommt.

Offenbarung 1,4

Wo Gott uns bei unserem Namen ruft, wächst in uns der Frieden. Wir erfahren Gottes guten

Willen, als ob uns ein liebender Vater anredet. Sein Name umfasst Gegenwart, Vergangenheit und Zukunft:

Ich bin das A und das O, spricht Gott der Herr, der da ist und der da war und der da kommt, der Allmächtige.

Offenbarung 1,8

In einem langen Leben haben wir eine Ahnung von Vergangenheit, Gegenwart und Zukunft gewonnen. Wie die Zeit vergeht, erleben wir an unserem eigenen Leben. Da ist uns zugemutet, unsere Jugend zurückzulassen. Wir verlieren Menschen. Oft bleibt uns nur unsere Erinnerung. Oft bleiben uns nur noch wir selbst. In hohem Alter fühlt es sich an, als seien wir nur noch Übriggebliebene. In unsere Gegenwart hinein aber lässt Gott auch dann noch unseren Namen klingen:

Auch bis in euer Alter bin ich derselbe, und ich will euch tragen, bis ihr grau werdet. Ich habe es getan; ich will heben und tragen und erretten.

Jesaja 46,4

Das gilt auch noch im hohen Alter. Er, der immer schon war, er, der ist und sein wird, hat uns das Zeichen des Regenbogens gegeben. Er ruft uns beim Namen und schenkt uns Frieden. Auch wenn uns die Mühen des Alters plagen und die Einsamkeit spürbar ist, soll Friede sein.

Nichts von dem, was war, kann je verloren gehen. Noch gibt es Gegenwart. Noch gibt es Frieden. Wir sind immer noch mehr als nur einsam, mehr als kränklich, mehr als vergesslich, mehr als gebrechlich. Unser Name meint uns ganz als die, die wir waren und sind und sein werden. Er, der war, ist und sein wird, redet uns an bis ins Alter.

Es gibt mehr, als wir sehen, mehr, als wir spüren, mehr, als wir oft glauben können. Wir haben einen Namen, damit wir nicht vergessen, wer wir noch sind, über unsere Traurigkeit und Sehnsucht hinaus. Wir haben einen Namen auch zum Zeichen, dass wir nicht vergessen sind.

Aus dem Schatz unserer Erinnerung werden wir es ablesen können, was uns verheißen ist. Es gibt die Erfahrung, aufgehoben zu sein, getragen zu werden und Rettung zu erleben. Es bleibt bis in unser Alter so. Manchmal bleibt es uns verborgen. Manchmal muss uns erst wieder einer bei unserem Namen rufen, damit wir neu aufblicken und aufhorchen. Nur so verlieren wir Ängste und gewinnen neues Vertrauen. So spüren wir auch, dass wir nicht alleine sind. »Du bist mein«, sagt väterlich der, der uns bei unserem Namen ruft.

Wenn ich zurückblicke

Das Zurückblicken gehört wesentlich zum Älterwerden. Von den Erfolgen unseres Lebens reden wir gerne. Das Missratene wird nicht selten im Nachhinein geschönt und verklärt. Und viele von uns knabbern an ungelösten und beschwerenden Erfahrungen. Die Jungen wollen diese Geschichten meist nicht hören, vor allem dann, wenn wir sie zum wiederholten Male erzählen. Die Erinnerungen sind aber der Schatz der Ältergewordenen. In der Erinnerung können wir noch einmal zurückgehen und herholen, was unmittelbar zu unserem Leben gehört. Es ist, als ob die Erinnerung uns versichert, wer wir sind und wie wir geworden sind.

Der Wert der Erinnerungen

In der Bibel finden wir Beispiele dafür, wie kostbar das Erinnern ist und wie heilsam es unser ganzes Leben ins Lot bringen kann.

Im Psalm 77 wendet sich ein Not leidender Mensch an Gott:

Ich rufe zu Gott und schreie um Hilfe,
zu Gott rufe ich und er erhört mich.
In der Zeit meiner Not suche ich den Herrn;
meine Hand ist des Nachts ausgereckt
und lässt nicht ab;
denn meine Seele will sich nicht trösten lassen.
Ich denke an Gott – und bin betrübt;
ich sinne nach – und mein Herz ist in Ängsten.
Meine Augen hältst du, dass sie wachen müssen;
ich bin so voll Unruhe, dass ich nicht reden kann.

Psalm 77,2-5

Ältere Menschen kennen das gut, wenn sie nachts keine Ruhe finden und die Zeit so endlos stillsteht. Die Gedanken kreisen um die Sorgen. Alles erscheint so hoffnungslos. Was wird noch werden? Alle Trostversuche gehen ins Leere. Da gehen die Gedanken auch in die vergangene Zeit:

Ich gedenke der alten Zeit,
der vergangenen Jahre.
Ich denke und sinne des Nachts
und rede mit meinem Herzen,
mein Geist muss forschen.

Wird denn der Herr auf ewig verstoßen
und keine Gnade mehr erweisen?
Ist's denn ganz und gar aus mit seiner Güte,
und hat die Verheißung für immer ein Ende?
Hat Gott vergessen, gnädig zu sein,
oder sein Erbarmen im Zorn verschlossen?
Ich sprach: Darunter leide ich,
dass die rechte Hand des Höchsten
sich so ändern kann.

Darum denke ich an die Taten des Herrn,
ja, ich denke an deine früheren Wunder
und sinne über alle deine Werke
und denke deinen Taten nach.
Gott, dein Weg ist heilig.
Wo ist ein so mächtiger Gott, wie du, Gott, bist?
Du bist der Gott, der Wunder tut,
du hast deine Macht bewiesen unter den Völkern.
Du hast dein Volk erlöst mit Macht,
die Kinder Jakobs und Josefs.

Die Wasser sahen dich, Gott,
die Wasser sahen dich und ängstigten sich,
ja, die Tiefen tobten.
Dein Donner rollte, Blitze erhellten den Erdkreis,

die Erde erbebte und wankte.
Dein Weg ging durch das Meer
und dein Pfad durch große Wasser;
doch niemand sah deine Spur.
Du führtest dein Volk wie eine Herde
durch die Hand des Mose und Aaron.

Psalm 77,6-21

Für den Psalmbeter ist sein Schicksal ganz eins mit der Geschichte seines Volkes. Jetzt, wo er voller Unruhe und so beschwert ist, erinnert er sich an vergangene, bessere Zeiten. Hat Gott nicht das Volk in die Freiheit geführt? Hat er es nicht bewahrt in der Verfolgung? Hat er es nicht immer wieder aufgerichtet, als ihm alle Hoffnung verloren ging? Soll das alles Vergangenheit sein? »Darunter leide ich, dass die rechte Hand des Höchsten sich so ändern kann.«

In allen Generationen ist es eine Grunderfahrung, dass das Glück nicht für immer andauert, Liebe nicht festgehalten werden kann und alles Lebendige vergehen muss. Die Erinnerung hat gerade da ihren Wert. Sie kann uns helfen, nicht bitter zu werden. Unsere Erinnerung eröffnet uns die Chance zur Versöhnung mit dem Unabänderlichen.

Der Psalmbeter »gedenkt der alten Zeiten« und holt so in seiner Fantasie die guten Erfahrungen noch einmal in die Gegenwart. Und er erkennt, dass das gegenwärtige Leid nicht das Ganze seines Lebens ausmacht. Das andere hat es auch gegeben. Es ist sogar belebbar. So bleibt das Leid zwar real. Es ist nicht wegzureden. Aber es wird ergänzt durch eine andere Realität: Da ist noch mehr als das, was ich jetzt fühle. Da war eine Führung in meinem Leben. So wie bei diesem Volk, das durch die Wüste ging und nicht nur frohe Tage durchlebte.

In der Erinnerung scheint es schon auf: ein neues Vertrauen, ein kleiner Hoffnungsschimmer, etwas, das mir trostvoll sagen will: Dein Leben ist mehr als Unruhe, Ungeduld und Verzweiflung.

Die Erinnerung führt uns zu den vergangenen Zeiten. Sie führt uns auch über uns selbst hinaus zu den großen Taten Gottes und seiner Güte. So beginnt die Möglichkeit des Versöhnens. Als ob unsere Erinnerung uns zum Zeichen des Regenbogens führen will!

Unfertiges annehmen

Wo wir im Älterwerden zurückblicken, werden wir zweierlei wahrnehmen: Es gibt Lebensphasen, die uns stolz machen und zu denen wir gerne stehen. Aber wir wecken auch Erinnerungen an Situationen der Schuld, wo wir vieles als ungelöst empfinden oder daran leiden, dass wir womöglich etwas Wesentliches versäumt haben. Diese Erinnerungen machen uns unsicher. Manchmal empfinden wir sogar Scham. Wie können wir damit umgehen? Eine Hilfe finden wir in Psalm 25:

Gebet um Gottes Vergebung und Leitung

Nach dir, Herr, verlanget mich.
Mein Gott, ich hoffe auf dich;
lass mich nicht zuschanden werden,
dass meine Feinde nicht frohlocken über mich.
Denn keiner wird zuschanden, der auf dich harret;
aber zuschanden werden die leichtfertigen Verächter.

Herr, zeige mir deine Wege
und lehre mich deine Steige!
Leite mich in deiner Wahrheit und lehre mich!
Denn du bist der Gott, der mir hilft;
täglich harre ich auf dich.
Gedenke, Herr, an deine Barmherzigkeit
und an deine Güte,
die von Ewigkeit her gewesen sind.

Psalm 25,1-6

Wer sich schuldig fühlt, ist sich seiner selbst nicht mehr sicher. Es sind Vorwürfe von anderen Menschen, die treffen können. Genauso treffen aber die Vorwürfe, die wir uns selber machen, die aus unserem Inneren kommen. Beide fühlen sich an wie der Spott von Feinden. Der Schuldiggewordene scheint seine »Liebens-Würdigkeit« verloren zu haben. Die inneren und äußeren Stimmen sagen: Du bist nicht mehr wert, geliebt zu werden. Du bist insgesamt nicht in Ordnung.

Es braucht einen Neuanfang. Auch im Älterwerden braucht es neue Anfänge. Und keiner kann sich selbst aufrichten, wenn er glaubt, seinen Wert verloren zu haben. Es braucht neuen Zuspruch, neue Zeichen, die sagen: Du bedeutest mir etwas.

Unser Psalmbeter wendet sich an Gott. Er bittet um Vergebung und will für sein Leben das Geschenk eines neuen Weges. Das Alte soll ein Ende haben. Er sagt:

Gedenke nicht der Sünden meiner Jugend
und meiner Übertretungen,
gedenke aber meiner nach deiner Barmherzigkeit,
Herr, um deiner Güte willen!
Der Herr ist gut und gerecht;
darum weist er Sündern den Weg.
Er leitet die Elenden recht
und lehrt die Elenden seinen Weg.
Die Wege des Herrn sind lauter Güte und Treue
für alle, die seinen Bund und seine Gebote halten.
Um deines Namens willen, Herr,
vergib mir meine Schuld, die so groß ist!

Wer ist der Mann, der den Herrn fürchtet?
Er wird ihm den Weg weisen, den er wählen soll.
Er wird im Guten wohnen,

und sein Geschlecht wird das Land besitzen.
Der Herr ist denen Freund, die ihn fürchten;
und seinen Bund lässt er sie wissen.
Meine Augen sehen stets auf den Herrn;
denn er wird meinen Fuß aus dem Netze ziehen.

Wende dich zu mir und sei mir gnädig;
denn ich bin einsam und elend.
Die Angst meines Herzens ist groß;
führe mich aus meinen Nöten!
Bewahre meine Seele und errette mich;
lass mich nicht zuschanden werden,
denn ich traue auf dich!
Unschuld und Redlichkeit mögen mich behüten;
denn ich harre auf dich.

Psalm 25,7-21

Aus der Erinnerung erwächst dem Beter das Bedauern über seine Schuld. Er bereut, dass er in diese Lage geraten ist. Und er will sich nicht aufgeben. Er kennt die Verheißungen Gottes, die sich gerade an die Elenden richten, an die, die scheitern und Fehler machen. Sie sollen aufgerichtet werden. Das will der Schuldiggewordene für sich in Anspruch nehmen. Und er wird aus den Verheißungen zu neuem Selbstbewusstsein finden. Denn er weiß: Sein Gott wendet sich denen zu, die Fehler machen und mit ihrer Schuld ringen.

In unserem langen Leben gibt es unausweichlich Situationen, die nicht gut gelaufen sind und in denen wir nicht gut wegkommen. Wir kennen das Gefühl, nicht genügt zu haben. Doch die Güte und Treue Gottes gilt auch unserem Leben. Bis ins hohe Alter. Und Schuld muss uns nicht für immer niederdrücken. Wir sind liebenswert, das heißt: wert, geliebt zu werden und zu uns zu stehen, so unfertig und so unvollkommen, wie wir sind.

Zwischen Zweifel und Geborgenheit

Und wieder scheint da, wenn wir uns erinnern, von weit her diese Erfahrung auf, wie viel uns zugetraut ist. Uns bleibt zugetraut, in Frieden zu leben, Geborgenheit zu erfahren, der Liebe zu vertrauen, Schutz zu finden. »Fürchte dich nicht, denn ich habe dich erlöst; ich habe dich bei deinem Namen gerufen; du bist mein!« (Jesaja 43,1)

Aber sogleich meldet sich auch der Zweifel zu Wort: War es denn wirklich so? Ist das die Erfahrung meines Lebens? Muss ich mich tatsächlich nicht fürchten? Fühle ich mich erlöst? Ruft da einer meinen Namen? Und wo gehöre ich hin?

Solche Fragen gehören zu uns. Es sind die ganz normalen Zweifel und Unsicherheiten des Alltags, wenn unser Leben so unvollkommen erscheint. Es sind auch die bohrenden Fragen unseres Gewissens, wenn wir rückblickend erkennen, wie wenig perfekt wir miteinander umgegangen sind. Beim Propheten Jeremia klingt dieselbe Erfahrung an:

Ach, Herr, wenn unsre Sünden uns verklagen,
so hilf doch um deines Namens willen! Denn
unser Ungehorsam ist groß, womit wir wider dich
gesündigt haben. Du bist der Trost Israels und
sein Nothelfer. Warum stellst du dich, als wärst
du ein Fremdling im Lande und ein Wanderer,
der nur über Nacht bleibt? Warum stellst du dich
wie einer, der verzagt ist, und wie ein Held,
der nicht helfen kann? Du bist ja doch unter uns,

Herr, und wir heißen nach deinem Namen; verlass uns nicht! *Jeremia 14,7-9*

»Du bist ja doch unter uns«, sagt die Erinnerung, »wir heißen nach deinem Namen«. Wir sind eingebettet in alles, was war, in alles, was ist und was kommen wird. Auch wenn wir vieles gern anders gehabt hätten, rufst du uns beim Namen und schenkst unserem unruhigen Herzen Frieden. An vielen Stellen unseres Lebens können wir es so spüren.

Hab Acht auf die Jahre

Einer, der Schuld und Befreiung gleichermaßen erfahren hat, ist Mose. Er hat ein besonderes Schicksal gehabt. Von seiner Mutter ausgesetzt und von Gott wundersam bewahrt, wächst er am Hof des Pharaos auf. Früh lernt er Recht und Unrecht unterscheiden. Als er im Zorn einen ägyptischen Aufseher erschlägt, der gefangene Israeliten quält, muss er fliehen. Doch später wird er es sein, der die Gefangenen in die Freiheit führt, durch die Wüste hindurch ins verheißene Land. Als Mose alt geworden ist, besingt er seine Erfahrungen:

Das Lied des Mose

Gedenke der vorigen Zeiten
und hab Acht auf die Jahre von Geschlecht
zu Geschlecht.
Frage deinen Vater, der wird dir's verkünden,
deine Ältesten, die werden dir's sagen.
Als der Höchste den Völkern Land zuteilte
und der Menschen Kinder voneinander schied,
da setzte er die Grenzen der Völker
nach der Zahl der Söhne Israels.
Denn des Herrn Teil ist sein Volk,
Jakob ist sein Erbe.

Er fand ihn in der Wüste,
in der dürren Einöde sah er ihn.
Er umfing ihn und hatte Acht auf ihn.
Er behütete ihn wie seinen Augapfel.
Wie ein Adler ausführt seine Jungen
und über ihnen schwebt,
so breitete er seine Fittiche aus
und nahm ihn und trug ihn auf seinen Flügeln.

Der Herr allein leitete ihn,
und kein fremder Gott war mit ihm.

5. Mose/Deuteronomium 32,7-12

Im Erinnern an bessere Zeiten verlieren wir manchmal den Blick für die gute Führung unseres Lebens. Die Israeliten waren auf ihrem langen Weg in die Freiheit oft unzufrieden und ungeduldig. Mose erinnert sie daran, dass Gott auch andere schon wie auf Adlers Fittichen getragen hat. »Hab Acht auf die Jahre…« Das ist sein Rat an die Ungeduldigen. Erinnere dich immer wieder, aus wie vielen Schwierigkeiten du schon Auswege gefunden hast! Auch jetzt, wenn du älter geworden bist, gilt das Versprechen Gottes: Dein Leid wird nicht ewig dauern. Er ruft dich auch jetzt bei deinem Namen. Bei dem Namen, der dich »von Geschlecht zu Geschlecht« mit denen verbindet, die vor dir waren, und denen, die nach dir kommen.

Der Rückblick auf ein langes Leben hat seinen Sinn. Die alten Menschen haben ein Recht auf ihre Erinnerungen. Wie gut ist es, wenn das, was die Alten mitteilen, auf Interesse stößt. Wo einer von meinen Erfolgen weiß, richte ich mich auf. Wo einer meine Sorgen hört, wird es mir leichter. Wo ich zu mir stehen lerne, versöhne ich mich mit den Grenzen meines Lebens.

Wer die Älteren hört und sieht und an ihren Erinnerungen Anteil nimmt, gibt ihnen die Anerkennung und Würde, von der wir in allen Altersstufen leben.

Meine Kräfte lassen nach

Irgendwann kommt der Zeitpunkt, da können wir nicht mehr so wie früher. Dinge, die uns immer leicht von der Hand gingen, bereiten uns zunehmend Probleme. Wir müssen langsamer machen. Manches geht gar nicht mehr. Vielen fällt es schwer, dies zu akzeptieren. Sie werden ungeduldig mit sich selbst, wütend oder niedergeschlagen. Wie wichtig ist tröstender Zuspruch in einer solchen Zeit!

Verwelkt wie eine Blume

Das Trostbuch von der Erlösung Israels

Tröstet, tröstet mein Volk!,
spricht euer Gott.
Redet mit Jerusalem freundlich
und predigt ihr,
dass ihre Knechtschaft ein Ende hat,
dass ihre Schuld vergeben ist;
denn sie hat doppelte Strafe empfangen
von der Hand des Herrn
für alle ihre Sünden.

Es ruft eine Stimme:
In der Wüste bereitet dem Herrn den Weg,
macht in der Steppe eine ebene Bahn
unserm Gott!
Alle Täler sollen erhöht werden,
und alle Berge und Hügel sollen erniedrigt werden,
und was uneben ist, soll gerade,
und was hügelig ist, soll eben werden;
denn die Herrlichkeit des Herrn
soll offenbart werden,
und alles Fleisch miteinander wird es sehen;
denn des Herrn Mund hat's geredet.

Jesaja 40,1-5

Das ist die Botschaft an das Volk, das Gefangenschaft und Befreiung, Unterdrückung und Wiederaufrichtung in besonderem Maße erfahren hat. Es ist die Botschaft an alle Niedergeschlagenen: Euch sind Neuanfänge zugetraut. Wo ihr über euch und euer Leben verzagt, ist eure Schuld vergeben. Es gibt eine Zukunft, auch für euch. Neue Tage, so unglaublich, als würden Berge eben und Täler hoch. Ihr könnt es jetzt nicht sehen. Aber ihr hört die Verheißung.

Es spricht eine Stimme: Predige!,
und ich sprach: Was soll ich predigen?
Alles Fleisch ist Gras,
und alle seine Güte ist wie eine Blume
auf dem Felde.
Das Gras verdorrt, die Blume verwelkt;
denn des Herrn Odem bläst darein.
Ja, Gras ist das Volk!
Das Gras verdorrt, die Blume verwelkt,
aber das Wort unseres Gottes bleibt ewiglich.

Jesaja 40,6-8

Ja, das ist wahr. So empfinden wir es selbst. Was sollen wir predigen oder gepredigt bekommen oder glauben, wenn doch alles vergeht? Wir selbst sind wie Gras. Unsere grünende, saftige Zeit ist vorbei. Alt geworden neigen wir uns wie vertrocknete Grashalme der Erde zu. Was ist der Sinn all dieses Werdens und Vergehens? Die Blume verwelkt, wir werden sterben. Was sind wir überhaupt wert?

Gottes Wort bleibt ewig. Auch jetzt, wenn wir uns als so mürbe und zerbrechlich erfahren, ruft er uns bei unserem Namen. Noch leben wir! Noch haben wir einen Wert! Oder sollte nur einen Wert haben, was jung ist, kraftvoll und blühend? Nein, dazu müssen wir stehen lernen, gegen alles, was anders klingt: Auch das eingeschränkte Leben hat seinen Sinn. Auch der hochbetagte Mensch ist in der Lage, sich zu freuen, etwas zu geben oder sich interessiert am Leben zu beteiligen.

Verdorrend leben wir, vergehend sind wir. Das gilt von Anfang an für unser vergängliches Dasein. Aber in uns atmet der Odem Gottes, jenes Gottes, der Tag und Nacht bestimmt und uns beim Namen ruft. Er ist wie ein beschützender Vater. So heißt es bei dem Propheten Jesaja weiter:

Siehe, da ist Gott der Herr!
Er kommt gewaltig,
und sein Arm wird herrschen.
Siehe, was er gewann, ist bei ihm,
und was er sich erwarb, geht vor ihm her.
Er wird seine Herde weiden wie ein Hirte.
Er wird die Lämmer in seinen Arm sammeln
und im Bausch seines Gewandes tragen
und die Mutterschafe führen.

Wer misst die Wasser mit der hohlen Hand,
und wer bestimmt des Himmels Weite mit der Spanne
und fasst den Staub der Erde mit dem Maß
und wiegt die Berge mit einem Gewicht
und die Hügel mit einer Waage?

Hebt eure Augen in die Höhe und seht!
Wer hat dies geschaffen?
Er führt ihr Heer vollzählig heraus
und ruft sie alle mit Namen;
seine Macht und starke Kraft ist so groß,
dass nicht eins von ihnen fehlt.

Jesaja 40,10-12.26

Gott ist der Vater. Gott ist der Hirte. Das müssen wir uns immer wieder sagen lassen: Auch jetzt, wenn wir uns müde fühlen und schwächer werden, sind wir bei unserem Namen gerufen. Wer, wenn nicht zuerst wir selbst, soll das glauben? Wer, wenn nicht zuerst wir selbst, soll sich darauf verlassen? Ist es nicht so, dass das Leben mehr ist, als wir wahrnehmen können? Ist sie nicht unfassbar, die großartige Schöpfung? Sollte da nicht auch noch ein unverwechselbarer Platz für uns sein?

Ja, »hebe deine Augen in die Höhe«, blicke auf und lass es dir sagen: Du darfst sein, wie du sein kannst. Du bist geliebt, nicht nur in deinen besten Jahren. Werte dich nicht selbst ab. Lass es dir sagen: Da ist einer, der dir sein Versprechen gab, der dich beim Namen ruft und dir alles schenkt, was du brauchst:

Er gibt dem Müden Kraft,
und Stärke genug dem Unvermögenden.
Männer werden müde und matt,
und Jünglinge straucheln und fallen;
aber die auf den Herrn harren, kriegen neue Kraft,
dass sie auffahren mit Flügeln wie Adler,
dass sie laufen und nicht matt werden,
dass sie wandeln und nicht müde werden.

Jesaja 40,29-31

Du musst nicht stark sein. Vielleicht denkst du manchmal daran, was du alles geleistet hast in deinem Leben. Es hat seinen Wert, auch wenn du jetzt müder geworden bist. Freue dich an deinen Erfolgen. Aber du darfst jetzt langsamer machen. Du musst nichts mehr leisten. Du hast deinen unverlierbaren Wert!

Die Welt braucht dich

Wann immer wir mit unserer Schwäche hadern, können uns die Worte des Apostels Paulus wieder aufrichten, in denen er uns eine wichtige Botschaft hinterlassen hat:

Gott hat zu mir gesagt: Lass dir an meiner Gnade genügen; denn meine Kraft ist in den Schwachen mächtig. Darum will ich mich am allerliebsten rühmen meiner Schwachheit, damit die Kraft Christi bei mir wohne. Darum bin ich guten Mutes in Schwachheit, in Misshandlungen, in Nöten, in Verfolgungen und Ängsten um Christi willen; denn wenn ich schwach bin, so bin ich stark.

2. Korinther 12,9-10

Wir leben in einer Umgebung, in der Leistung hoch angesehen wird. Krankheiten und Schwächen stellen uns deshalb übermäßig in Frage. Das Alter bringt unsere Hochleistungen zum Abschluss. So zweifeln wir oft an uns selbst. Wie gut tut da das Zeugnis: »Lass dir an meiner Gnade genügen; denn meine Kraft ist in den Schwachen mächtig.« Es steht im Widerspruch zu allem, was wir in unserer Leistungsgesellschaft gelernt oder gelebt haben. Es ist wie ein rettender Strohhalm für die, deren Kräfte nachlassen.

Und dieses Wort soll nicht nur trösten. Die Kraft Gottes ist in den Schwachen tatsächlich erfahrbar! Wo wir uns lösen von dieser verheerenden und unmenschlichen Haltung, dass nur Wert hat, was gesund und jung und leistungsfähig ist, erfüllt sich erst der Sinn in unserem Zusammenleben:

Die Welt braucht den Trost
der Trauernden!
Die Welt braucht die Erfahrung
und die Geduld der Älteren!
Die Welt braucht die Empfindsamkeit
der Leidenden!
Die Welt braucht die Mahnung
der Verletzten, der Unterdrückten,
der Verfolgten!
Denn es muss sich noch
vieles ändern unter uns.
Die Bibel nennt dies Umkehr.

Ein weiches Herz

Der Prophet Hesekiel fasst den Gedanken der Umkehr in ein eindrückliches Bild:

So spricht Gott der Herr: Ich will ihnen ein anderes Herz geben und einen neuen Geist in sie geben und will das steinerne Herz wegnehmen aus ihrem Leibe und ihnen ein fleischernes Herz geben.

Hesekiel/Ezechiel 11,19

Wo Gottes Kraft in den Schwachen mächtig ist, entsteht dieses Umdenken. Da werden harte Herzen weich. Da wird eine Gesellschaft menschlicher. Gerade die Alten spielen dabei eine ganz wichtige Rolle. Paulus hat sich gewehrt gegen das, was ihn eingeschränkt und behindert hat. Aber er hat auch erfahren, wie ihm gerade darin neue Kräfte und neue Fähigkeiten gewachsen sind.

Wir möchten das Leid nicht schönreden oder gar verherrlichen. Krankheit ist schlimm. Vergänglichkeit ist traurig. Aber da gibt es noch mehr. Es ist die Kraft der weicheren Herzen, die das Harte in der Welt durchbrechen will. Jesus hat das mit seinen Worten so gesagt:

Ich preise dich, Vater, Herr des Himmels
und der Erde, weil du dies den Weisen und
Klugen verborgen hast und hast es den
Unmündigen offenbart.
Kommt her zu mir, alle, die ihr mühselig
und beladen seid; ich will euch erquicken.
Nehmt auf euch mein Joch und lernt von mir;
denn ich bin sanftmütig und von Herzen
demütig; so werdet ihr Ruhe finden
für eure Seelen. Denn mein Joch ist sanft,
und meine Last ist leicht.

Matthäus 11,25.28-30

Die scheinbar Klugen und Erfolgreichen dieser Welt können es oft nicht begreifen. Es bleibt ihnen verborgen, wie es sich anfühlt, auf die Hilfe anderer angewiesen zu sein. »Lernt von mir!« Jesus lädt uns ein in eine ganz besondere Schule des Lebens. Von ihm lernen wir: Sanftmut statt Konkurrenzkampf, Demut statt Autonomie, Ruhe statt Hetze, Dankbarkeit im Angewiesensein!

Jesus ist als unser Menschenbruder diesen Weg gegangen. Dabei wurden ihm Einsamkeit und Angst, Spott, Verfolgung und selbst der Tod nicht erspart.

Wir alle müssen diesen Weg gehen. Unseren Weg. Keiner wird uns abnehmen können, was uns dabei aufgeladen wird. Aber wir können ihn gehen: im Vertrauen auf Gottes Versprechen. Wir können ihn gehen, weil wir liebevoll bei unserem Namen gerufen sind. Wir können ihn gehen, weil seine Kraft in den Schwachen mächtig ist und wir als Beladene von ihm eingeladen sind.

Seine Kraft ist auch in uns mächtig. Und als schwächer Gewordene gehören wir zu denen, die diese hart gewordene Welt braucht. Damit etwas anders wird! Damit Friede näher kommt! Damit die Welt ein menschlicheres Gesicht erhält!

Ich hätte noch so viel vorgehabt

In einem langen Leben bleiben Enttäuschungen nicht aus. Mit am schlimmsten ist, wenn wir auf unser Leben blicken und unzufrieden bleiben. Was haben wir uns nicht alles erträumt in jungen Jahren! Wenn ich einmal groß bin und erwachsen, was werde ich alles anders machen und vor allem besser als meine Eltern!

Viele unserer Träume vertagen wir auf später. Manche können ihren Ruhestand kaum erwarten, weil sie dann endlich verwirklichen wollen, was sie bisher aufgespart haben. Die Erfahrung zeigt aber, dass wir meistens nicht nachholen können, was wir nicht gelebt haben. Das macht viele Menschen unzufrieden, oft auch bitter. Sie fühlen sich um ihr Leben betrogen.

Es gibt kaum Menschen, die ihre Träume alle verwirklicht haben. Irgendetwas bleibt immer übrig, irgendetwas unerfüllt. Ältere Menschen müssen gut sortieren, was ihnen wichtig war und worauf sie verzichten können. Manchen Traum müssen wir loslassen. Er darf dann ein

Traum bleiben. Vielleicht können wir ihn in unserer Fantasie erfüllen. Das ist oft die einzige Möglichkeit – und vielleicht ist es nicht die schlechteste.

In der Bibel finden wir einen guten Rat:

Wenn du in der Jugend nicht sammelst, wie kannst du im Alter etwas finden? Wie schön ist's, wenn die grauen Häupter urteilen können und die Alten Rat wissen. Wie schön ist bei Greisen Weisheit und bei Angesehenen Überlegung und Rat. Das ist die Krone der Alten, wenn sie viel erfahren haben; und ihre Ehre ist's, wenn sie Gott fürchten. *Sirach 25,5-8*

Das Alter ist der Lebensabschnitt, in dem sich wie in keinem anderen die Früchte des bisher Gelebten zeigen. Manche fragen sich, ob man sich aufs Alter vorbereiten kann. Es wird wohl keine allgemeinen Rezepte geben für unser Älterwerden. Wahr ist sicher, dass es darauf ankommt, unser Leben in der Gegenwart zu leben. Das heißt nicht, dass wir immer alles in vollsten Zügen auskosten müssen. Nur sollten wir nicht allzu viel auf später vertagen. Was wir in jungen Jahren leben und verwirklichen, werden wir später nicht vermissen. Wenn wir schon in jungen Jahren immer wieder einem »fleischernen« Herzen gefolgt sind statt dem steinernen, wird es uns auch im Alter leichter fallen, der Einladung Jesu zu folgen.

Zeit als Geschenk

Die schweren Gefühle des Älterwerdens, die Trauer um unsere Vergänglichkeit werden wir dennoch nicht vermeiden können. Sie gehören zu uns wie eine Begabung, mit deren Hilfe wir unser Leben meistern. Es sind die Gefühle lebendiger Menschen, deren Herz eben nicht versteinert ist. Deshalb erinnert der folgende Text daran, dass wir die Vergänglichkeit in den Blick unseres Lebens nehmen sollen:

Denk an deinen Schöpfer in deiner Jugend,
ehe die bösen Tage kommen und die Jahre sich nahen,
da du wirst sagen: »Sie gefallen mir nicht«;
ehe die Sonne und das Licht, Mond und Sterne
finster werden und Wolken wiederkommen nach

dem Regen, – zur Zeit, wenn man vor Höhen sich fürchtet und sich ängstigt auf dem Wege, wenn der Mandelbaum blüht und die Heuschrecke sich belädt und die Kaper aufbricht; denn der Mensch fährt dahin, wo er ewig bleibt, und die Klageleute gehen umher auf der Gasse; – ehe der silberne Strick zerreißt und die goldene Schale zerbricht und der Eimer zerschellt an der Quelle und das Rad zerbrochen in den Brunnen fällt. Denn der Staub muss wieder zur Erde kommen, wie er gewesen ist, und der Geist wieder zu Gott, der ihn gegeben hat. *Prediger/Kohelet 12,1-2.5-7*

Wir haben zwar Zukunft, aber nicht endlos Zeit. Das Leben auf später zu vertagen wäre verhängnisvoll. Genauso wenig aber sollten wir in Erwartung des Endes in finstere Gedanken versinken und so schon den Tod vorwegnehmen. Unsere Gegenwart als geschenkte Zeit zu nehmen und dabei um unsere Vergänglichkeit zu wissen, das scheint unsere Aufgabe zu sein.

Unser Bild vom Regenbogen als Zeichen von Zukunft und neuem Anfang bekommt hier einen zusätzlichen Aspekt. Nach einem Gewitter folgt eben mitunter noch ein weiteres. Nach einer überstandenen Lebenskrise sind wir nicht ein für alle Mal gefeit vor Leid. Vielmehr geht es um die Erfahrung, dass wir aus den schweren Phasen unseres Lebens herausfinden können. Die Jungen nehmen sich oft viel vor. Wir sollen uns aber zeit unseres Lebens bewusst sein, dass unser Leben von Anfang an begrenzt ist.

Die Fürsorge für die Tage, die uns »nicht gefallen« werden, besteht im Erfüllen unserer Zeit. In dieser Hinsicht sind die Menschen ganz verschieden. Wo der eine Sinn im kreativen Tun findet, erfährt sich ein anderer erfüllt in der Sorge um seine Mitmenschen. Jeder muss für sich selbst herausfinden, worin er Erfüllung findet. Wer sich darum bemüht, sein Leben über das Materielle hinaus sinnerfüllt zu gestalten, wird auch in bösen Tagen Kraft schöpfen können.

Die glücklichen Zeiten unseres Lebens scheinen wie eine Reserve für das Älterwerden zu sein. Dann kommt es nicht darauf an, ob wir alles verwirklichen konnten, was wir vom Leben erwartet haben. Vielmehr darauf:

ob uns das eine oder andere gelungen ist
oder das ein oder andere Mal
uns etwas ganz überraschend beglückt hat
oder ob uns einer einmal dankbar war
oder einer sagte: Ich liebe dich.

Es wird einsamer um mich

Wenn wir älter werden, haben wir schon vertraute Menschen verabschieden müssen. Der Freundeskreis ist kleiner geworden. In der Familie haben wir geliebte Menschen verloren. In Nachbarschaft, Beruf oder Freizeit sind bekannte Menschen gestorben. Unsere Weggefährten werden weniger.

Die Jungen haben andere Interessen. Sie teilen nicht die lange Geschichte unseres Lebens. Sie hören ihre eigene Musik, haben ihre eigenen Idole und kennen vieles nicht mehr, das uns wichtig ist. Es wird einsamer um uns.

Bitte um Gottes Hilfe im Alter

Herr, ich traue auf dich,
lass mich nimmermehr zuschanden werden.
Errette mich durch deine Gerechtigkeit
und hilf mir heraus,
neige deine Ohren zu mir und hilf mir!
Sei mir ein starker Hort, zu dem ich
immer fliehen kann,

der du zugesagt hast, mir zu helfen;
denn du bist meine Zuversicht, Herr, mein Gott,
meine Hoffnung von meiner Jugend an.

Verwirf mich nicht in meinem Alter,
verlass mich nicht, wenn ich schwach werde.
Du lässest mich erfahren viele und große Angst
und tröstest mich wieder.
Meine Lippen und meine Seele, die du erlöst hast,
sollen fröhlich sein und dir lobsingen.

Aus Psalm 71

Manchmal lebt beides zusammen in unserer Seele: das Vertrauen neben der Einsamkeit, die Sehnsucht und die Gewissheit, die Hilfsbedürftigkeit und der Trost.

Unser Vertrauen ist in unserer Kindheit gewachsen, als Vater und Mutter uns auf dem Arm getragen haben. Wir wissen es noch gut, auch wenn schon ein langes Leben dazwischen liegt.

Jetzt ist unser Leben ärmer geworden. Wir kennen die Angst vor dem Alleinsein, die Angst vor dem Ungewissen. Und wir kennen auch diese Bitte unseres Herzens, das sich nach Geborgenheit sehnt. Gerade im Alleinsein kommt sie immer wieder hoch, die Angst und die Frage, was noch kommt und wozu dieses Leben noch gut ist.

Im Psalm 71 hat sich einer über sich selbst hinaus an Gott gewandt. Ein alter Mensch hat diesen Psalm geschrieben. Er hat schon bessere Zeiten gesehen. Glück und Leid hat er erfahren. Vers für Vers lässt sich dieser Psalm nachsprechen und dabei kann sich das Eigene mit dem Anderen verbinden.

Vielleicht sagt unser Herz dann: Ja, so geht es mir auch. Diese Gefühle sind mir bekannt. Ich bin dem Glück begegnet. Jetzt ist das Licht der Nacht gewichen. Aber wenn ich diese Worte nachspreche, wandelt sich schon wieder leise meine Nacht in ein leichtes Abendrot. Und ich kann sagen: Du bist mir schon wieder ein starker Hort. Und hast mich nicht verlassen. Ich bin getröstet.

Ich habe zwar geliebte Menschen verloren, die eine schmerzhafte Lücke hinterlassen haben.

Doch es gibt andere, die mein Schicksal teilen. Sie können mir nicht ersetzen, wen ich verloren habe, aber sie können nachfühlen, wie es mir geht. Und ich kann umgekehrt nachempfinden, wie es ihnen geht. So haben wir eine Aufgabe aneinander. Gerade wo wir selbst unseren Wert nicht mehr so deutlich spüren, werden wir von anderen gebraucht.

Der Leib Christi

Paulus hat dafür das Bild vom Leib Christi gefunden:

Wie der Leib ***einer*** *ist und doch viele Glieder hat, alle Glieder des Leibes aber, obwohl sie viele sind, doch* ***ein*** *Leib sind: so auch Christus. Denn wir sind durch* ***einen*** *Geist alle zu* ***einem*** *Leib getauft, wir seien Juden oder Griechen, Sklaven oder Freie, und sind alle mit* ***einem*** *Geist getränkt. Denn auch der Leib ist nicht* ***ein*** *Glied, sondern viele. Wenn aber der Fuß spräche: Ich bin keine Hand, darum bin ich nicht Glied des Leibes, sollte er deshalb nicht Glied des Leibes sein? Und wenn das Ohr spräche: Ich bin kein Auge,*

darum bin ich nicht Glied des Leibes, sollte es deshalb nicht Glied des Leibes sein? Wenn der ganze Leib Auge wäre, wo bliebe das Gehör? Wenn er ganz Gehör wäre, wo bliebe der Geruch? Das Auge kann nicht sagen zu der Hand: Ich brauche dich nicht; oder auch das Haupt zu den Füßen: Ich brauche euch nicht. Vielmehr sind die Glieder des Leibes, die uns die schwächsten zu sein scheinen, die nötigsten; und die uns am wenigsten ehrbar zu sein scheinen, die umkleiden wir mit besonderer Ehre; und bei den unanständigen achten wir besonders auf Anstand; denn die anständigen brauchen's nicht. Aber Gott hat den Leib zusammengefügt und dem geringeren Glied höhere Ehre gegeben, damit im Leib keine Spaltung sei, sondern die Glieder in gleicher Weise füreinander sorgen. Und wenn **ein** *Glied leidet, so leiden alle Glieder mit, und wenn* **ein** *Glied geehrt wird, so freuen sich alle Glieder mit.*
Ihr aber seid der Leib Christi und jeder von euch ein Glied.

1. Korinther 12,12-17.21-27

Eine Gemeinschaft, in der die Alten nicht als vollwertige Glieder verstanden werden, ist eine arme Gemeinschaft. Vielleicht können wir sogar sagen, dass der Wert einer Gesellschaft unter anderem daran gemessen werden kann, wie sie mit ihren Alten, Gebrechlichen und Schwachen umgeht. Sie sind Glieder eines Leibes. Das heißt, dass sie nicht nur einen geduldeten Platz zu beanspruchen haben, sondern vielmehr einen wichtigen Beitrag leisten. So ist auch der Satz zu verstehen, der aus ganz alter Zeit überliefert ist:

Vor einem grauen Haupt sollst du aufstehen
und die Alten ehren
und sollst dich fürchten vor deinem Gott.

3. Mose/Levitikus 19,32

Viele von uns haben diesen Satz als Kinder auswendig gelernt. Er hat etwas von einer goldenen Regel. Die Achtung der Jungen vor der Lebensleistung der Alten tut uns gut. Wir sind aber nicht auf sie angewiesen. Die Kraft Christi ist in uns mächtig geworden. Das Leben selbst ist uns vertraut. Wir kennen Anfang und Ende, Glück und Leid, Lachen und Weinen. Und wir wissen, dass wir bei unserem Namen gerufen sind, so wie wir sind und waren. Wir erinnern uns auch, was wir in einem langen Leben geben und bei anderen achten konnten.

Meine Vorstellungen passen nicht mehr

Du sollst deinen Vater und deine Mutter ehren,
auf dass du lange lebest in dem Lande,
das dir der Herr, dein Gott, geben wird.

2. Mose/Exodus 20,12

Das vierte Gebot hat eine besondere Brisanz für ältere Menschen. Oft hören wir, die jungen Leute hätten nicht mehr genug Achtung vor den Älteren und früher sei das noch ganz anders gewesen. Abgesehen von der Frage, ob es immer so stimmt, dass früher alles anders und vor allem auch besser gewesen sei, hat dieses Gebot zwei Seiten.

Das Verhältnis der Generationen zueinander lebt von gegenseitiger Achtung und dem gegenseitigen Bemühen um Verstehen. Es lebt vor allem auch von der Toleranz. Für die Jüngeren scheint es eine Kunst zu sein, die Älteren geduldig anzunehmen, wenn diese so gerne von früher erzählen und das in immer denselben Sätzen tun. Für die Älteren scheint die Kunst darin zu liegen, nicht immer alles schon besser zu wissen. Die Jüngeren brauchen ihre eigenen Entwicklungsschritte. Sie können uns nicht kopieren. Und es steht manchem älter gewordenen Menschen gut an, sich hie und da auch für die Ansichten der Jüngeren zu interessieren. Sie könnten ja einen Gedanken denken, auf den wir noch nie gekommen sind.

Für beide gilt: Du sollst deine Eltern nicht anders haben wollen, als sie sind. Und: Du sollst deine Kinder nicht anders haben wollen, als sie sein können. Wo wir Bilder voneinander machen, werden wir nie recht in Beziehung miteinander kommen. Wir werden nie die Ideal-Eltern sein können und die Ideal-Kinder auch nicht. Wo wir das akzeptieren, werden wir ganz anders neugierig aufeinander und werden in den Real-Eltern und -Kindern entdecken können, wie viel wir an ihnen haben.

Standpunkte korrigieren

Wenn wir älter werden, tun wir uns mitunter schwer, Gelerntes zu verändern und zu korrigieren. Aber die Welt ist anders geworden. Es ist die der Jüngeren. Was einst für gut befunden war, ist plötzlich überholt.

Als Jesus Menschen in seine Nachfolge rief, hat er einen bemerkenswerten Satz gesagt:

Einer sprach zu Jesus: Herr, ich will dir nachfolgen; aber erlaube mir zuvor, dass ich Abschied nehme von denen, die in meinem Haus sind. Jesus aber sprach zu ihm: Wer seine Hand an den Pflug legt und sieht zurück, der ist nicht geschickt für das Reich Gottes.

Lukas 9,61-62

In diesem Bild vom Pflügen sehen wir einen Menschen vor uns, der nach vorn blickt, der weiterdenkt. Er will die Erde bebauen, sodass er später viele andere mit Nahrung versorgen kann. Er pflügt die Erde vor der Saat. Und er muss sich einstellen auf den rechten Augenblick. Die Bedingungen müssen stimmen. Er darf nicht hängen bleiben an dem, was hinter ihm liegt, sondern er muss sich dem öffnen, was auf ihn zukommt.

Im Älterwerden neigen wir oft dazu, zu sehr im Vergangenen haften zu bleiben. Sich des Vergangenen zu erinnern und zu vergewissern ist wohl wichtig. Dagegen wendet sich Jesus nicht. Wenn du aber die Welt gestalten willst, muss sich dein Blick nach vorne wenden. Das Reich Gottes hat eine verändernde, erneuernde Kraft!

Gerade wenn wir uns ehrlich angestrengt haben, zu fundierten Standpunkten zu finden, fällt uns die Veränderung schwer. Wir sind ja eigentlich angekommen – angekommen bei guten Standpunkten, Lebenseinstellungen, Meinungen. Es ist traurig, wenn sie ihre Gültigkeit verlieren sollen. Doch mit dem Leben ist es wie mit einem Fluss: Er treibt sein Wasser zur Mündung ins Meer und steht nie still. Selbst ein Fels, der scheinbar unverrückbar in den Fluten steht, wird durch das Wasser geformt und verändert und sogar zu Sand zermahlen. Als ob es nichts Unveränderliches gäbe!

Verharre nicht wie ein harter Fels, so meint Jesus seinen Vergleich, lass dich korrigieren, immer und immer wieder. Dann kannst du erfolgreich pflügen, mitgestalten, Spuren schaffen. Dann bist du geschickt für das Reich Gottes. Dann bist du geschickt als Sämann, der Liebe sät und Gerechtigkeit und Frieden, als einer, der Anteil hat, wenn Menschen Hoffnung gewinnen und an die Liebe glauben!

Was bin ich noch wert?

Der Knecht Gottes das Licht der Welt

Siehe, das ist mein Knecht – ich halte ihn –
und mein Auserwählter,
an dem meine Seele Wohlgefallen hat.
Ich habe ihm meinen Geist gegeben;
er wird das Recht unter die Heiden bringen.
Er wird nicht schreien noch rufen,
und seine Stimme wird man nicht hören
auf den Gassen.
Das geknickte Rohr wird er nicht zerbrechen,
und den glimmenden Docht wird er nicht auslöschen.
In Treue trägt er das Recht hinaus.
Er selbst wird nicht verlöschen
und nicht zerbrechen,
bis er auf Erden das Recht aufrichte;
und die Inseln warten auf seine Weisung.

So spricht Gott, der Herr,
der die Himmel schafft und ausbreitet,
der die Erde macht und ihr Gewächs,
der dem Volk auf ihr den Odem gibt
und den Geist denen, die auf ihr gehen:

Ich, der Herr, habe dich gerufen in Gerechtigkeit
und halte dich bei der Hand und behüte dich
und mache dich zum Bund für das Volk,
zum Licht der Heiden,
dass du die Augen der Blinden öffnen sollst
und die Gefangenen aus dem Gefängnis führen
und, die da sitzen in der Finsternis,
aus dem Kerker. *Jesaja 42,1-7*

Was da im Buch Jesaja von dem Knecht Gottes gesagt wird, klingt wie die Antwort auf eine Sehnsucht, die alle Menschen spüren. Im Alter sind wir noch einmal offen dafür. Er wird die beschwerten Herzen berühren, er wird die Augen der Blinden öffnen, die Gefangenen befreien und Hoffnung bringen. Der Knecht Gottes steht für den, der kommen soll. Er vereinigt in sich all die Hoffnungen, die in den Messias gesetzt werden: Er soll das Reich Gottes verwirklichen, den Frieden bringen und die Traurigen aufrichten.

Was da geschieht, ist etwas ganz Leises: Das geknickte Rohr wird er nicht zerbrechen, und den glimmenden Docht wird er nicht auslöschen.

Wenn wir schwächer werden und unsere Kreise enger, fühlen wir uns dann nicht selbst wie ein geknicktes Schilfrohr am See? Ist es nicht, als ob wir selbst nur noch zaghaft flackerten wie das ausgehende Kerzenlicht?

Dann ist es tröstlich, dass der Auserwählte Gottes sich nicht blenden lässt von den ganz großen Lichtern dieser Welt. Dann ist es tröstlich, dass Gott Wohlgefallen hat an denen, die schwach und hilfsbedürftig sind. Die Propheten haben es im Namen Gottes verkündet, dass Gott uns beim Namen ruft und aufrichten will, wenn wir so geknickt und ohne Lebenskraft sind.

Du bist für ihn etwas wert!
Du bist für ihn ganz du, auch wenn dein Leib schwächer wird!
Du bist für ihn ganz du, auch wenn deine Kontakte weniger werden!
Du bist für ihn ganz du, auch wenn du keine ganz großen Leistungen mehr erbringen kannst!
Du bist für ihn ganz du, egal was du besitzt!

Du bist für ihn ganz du, wie auch immer du denkst, wovon auch immer du überzeugt bist, für welche Werte du dich auch entscheidest!

Leise schafft sich diese Botschaft Raum. Sie hat eine ganz tiefe Wahrheit. Wo sie angenommen wird, verändert sich die Welt. So, als käme das Reich Gottes noch ein Stück näher.

Ebenbild Gottes

Dass nicht nur Stärke, Gesundheit, Leistungskraft und Jugend den Menschen auszeichnen, steht schon im Schöpfungsbericht. Dort heißt es:

Gott schuf den Menschen zu seinem Bilde,
zum Bilde Gottes schuf er ihn.

1. Mose/Genesis 1,27

Dieses Wort soll aufrichten und ermutigen. Es richtet sich an alle, die in Zerrissenheit, in Zweifel und Verletztheit leben müssen. Es spricht uns eine besondere Würde zu – trotz aller Schwäche und Unzulänglichkeit: Wir sind nach Gottes Bild geschaffen.

In Jesus Christus ist dieses Bild Gottes wahrhaft vergegenwärtigt:

Er ist das Ebenbild des unsichtbaren Gottes,
der Erstgeborene vor aller Schöpfung.
Denn in ihm ist alles geschaffen,
was im Himmel und auf Erden ist,
das Sichtbare und das Unsichtbare,
es seien Throne oder Herrschaften
oder Mächte oder Gewalten.

Er ist der Anfang,
der Erstgeborene von den Toten,
damit er in allem der Erste sei.
Denn es hat Gott wohlgefallen,
dass in ihm alle Fülle wohnen sollte
und er durch ihn alles mit sich versöhnte,
es sei auf Erden oder im Himmel,
indem er Frieden machte durch sein Blut am Kreuz.

Kolosser 1,15-16.18-20

In Jesus Christus ist Gott selbst wie ein schwacher Mensch in die Welt gekommen. Er hat Verlassenheit erfahren, Angst gekannt, ging durch Leiden und hat sich in Liebe den Bedürftigen zugewandt. Wir sehen ihn als einen Geschlagenen – wie von Gott und der Welt verlassen.

Doch durch ihn hat sich die Liebe in der Welt durchgesetzt. Keine Gewalt, weder Panzer noch Raketen, haben diese Liebe je auslöschen können. Sie gilt uns auch jetzt, wenn wir selbst uns klein fühlen und wertlos.

Gottes Liebe schenkt uns neuen Wert

Die menschgewordene Liebe Gottes hat sich gerade denen zugewandt, die als wertlos galten. Von Jesus werden uns verschiedene Beispiele dafür überliefert, darunter auch das folgende:

Das Mahl mit den Zöllnern

Es begab sich, dass Jesus zu Tisch saß im Hause des Levi, da setzten sich viele Zöllner und Sünder zu Tisch mit Jesus und seinen Jüngern; denn es waren viele, die ihm nachfolgten. Und als die Schriftgelehrten unter den Pharisäern sahen, dass er mit den Sündern und Zöllnern aß, sprachen sie zu seinen Jüngern: Isst er mit den Zöllnern und Sündern? Als das Jesus hörte, sprach er zu ihnen: Die Starken bedürfen keines Arztes, sondern die Kranken. Ich bin gekommen, die Sünder zu rufen und nicht die Gerechten.

Markus 2,15-17

Zur Zeit Jesu war es eine Provokation, sich mit Zöllnern abzugeben. Auch heute heißt es noch: »Sage mir, mit wem du umgehst, und ich sage dir, wer du bist.« Jesus liefert sich dem kritischen Urteil seiner Zeitgenossen aus. Er riskiert, nicht mehr ernst genommen zu werden. Wenn seine Nachfolge dazu führt, dass man am Tisch der Verachteten landet, gehen manche lieber auf Distanz. »Die Starken bedürfen keines Arztes, sondern die Kranken. Ich bin gekommen, die Sünder zu rufen und nicht die Gerechten.« Das ist die Antwort Jesu an die Rechtschaffenen. Gerade die Ausgestoßenen und Verachteten brauchen seine Zuwendung, damit sie sich ändern können! Jesus traut ihnen Veränderungen und Neuanfänge zu. Das lesen wir im Lukasevangelium:

Zachäus

Jesus ging nach Jericho hinein und zog hindurch. Und siehe, da war ein Mann mit Namen Zachäus, der war ein Oberer der Zöllner und war reich. Und er begehrte, Jesus zu sehen, wer er wäre, und konnte es nicht wegen der Menge; denn er war klein von Gestalt. Und er lief voraus und stieg auf einen Maulbeerbaum, um ihn zu sehen; denn dort sollte er durchkommen. Und als Jesus an die Stelle kam, sah er auf und sprach zu ihm: Zachäus, steig eilend herunter; denn ich muss heute in deinem Haus einkehren. Und er stieg eilend herunter und nahm ihn auf mit Freuden.
Als sie das sahen, murrten sie alle und sprachen: Bei einem Sünder ist er eingekehrt. Zachäus aber trat vor den Herrn und sprach: Siehe, Herr, die Hälfte von meinem Besitz gebe ich den Armen, und wenn ich jemanden betrogen habe, so gebe ich es vierfach zurück. Jesus aber sprach zu ihm: Heute ist diesem Hause Heil widerfahren, denn auch er ist Abrahams Sohn. Denn der Menschensohn ist gekommen, zu suchen und selig zu machen, was verloren ist. *Lukas 19,1-10*

Der Zachäus in unserer Geschichte hat zwei Seiten: Einerseits ist er beneidenswert wohlhabend. Auf der anderen Seite klein von Gestalt und unbeliebt. Damit stehen die Schubladen fest, in die er eingeordnet wird. Er hat keine Chance mehr, neues Ansehen zu gewinnen. Seine Situation ist aussichtslos. Es bleibt ihm gar nicht viel anderes übrig, als weiterhin in die eigene Tasche zu schaufeln: das Einzige, was ihm noch Bestätigung verschafft. Doch dann erreicht Gottes Liebe sein Herz. Jesus sucht ihn auf. Er kehrt bei ihm ein und wird sein Gast. Zachäus' Herz klopft vor Freude: Ihm, dem zu klein Geratenen und Gernegroß, wendet sich einer zu! So einfach kann es sein. So einfach gewinnt einer einen neuen Wert. Wie ein Geschenk. Aus liebender Zuwendung.

Nur die Liebe kann uns unseren Wert neu schenken. Zachäus wurde tief im Herzen berührt und veränderte sich auf der Stelle. In überfließender Freigebigkeit will er alles wieder gutmachen.

Nur die Liebe kann uns unseren Wert neu schenken – auch im Älterwerden, wenn wir uns so unnütz vorkommen. Es ist die Liebe, die uns zutraut, uns zu verändern, uns innerlich neu aufzurichten. Es ist auch die Liebe, die uns als ganze Person sehen kann, als die, die wir sind und waren, und uns nicht reduziert auf unsere Defizite.

»Die Starken bedürfen keines Arztes, sondern die Kranken. Ich bin gekommen, die Sünder zu rufen und nicht die Gerechten.« Und: »Der Menschensohn ist gekommen, zu suchen und selig zu machen, was verloren ist.« So klingt die Antwort Jesu an alle, die das Gefühl haben, nicht mehr zu genügen.

Angst vor dem Ungewissen

Wir können die Beschwerden des Alters nicht wegreden. Da gibt es Einsamkeit, Sehnsucht, unerfüllte Träume und auch die Angst vor dem Tod. Diese Gefühle gehören zu allen Lebensaltern. Aber im Älterwerden bekommen sie ein besonderes Gewicht.

Die Stillung des Sturmes

Am Abend desselben Tages sprach Jesus zu seinen Jüngern: Lasst uns hinüberfahren. Und sie ließen das Volk gehen und nahmen ihn mit, wie er im Boot war, und es waren noch andere Boote bei ihm. Und es erhob sich ein großer Windwirbel und die Wellen schlugen in das Boot, sodass das Boot schon voll wurde. Und er war hinten im Boot und schlief auf einem Kissen. Und sie weckten ihn auf und sprachen zu ihm: Meister, fragst du nichts danach, dass wir umkommen? Und er stand auf und bedrohte den Wind und sprach zu dem Meer: Schweig und verstumme! Und der Wind legte sich und es entstand eine große Stille. Und er sprach zu ihnen:

Was seid ihr so furchtsam? Habt ihr noch keinen Glauben?
Sie aber fürchteten sich sehr und sprachen untereinander: Wer ist der? Auch Wind und Meer sind ihm gehorsam! *Markus 4,35-41*

Ein Tag geht vorüber. Viel ist geschehen. Der Abend kommt. Und mit ihm die Ruhe. Die Zeit darf eine Weile stehen bleiben. Jesus war im Kontakt mit vielen Menschen. Er ist voller Eindrücke. Vielleicht ist er auch müde geworden. Er will ans andere Ufer fahren, über den See hinüber.

Der Ruhestand ist auch ein Innehalten. Im Rückblick scheinen die Tage erfüllt. In einem langen Leben ist es Abend geworden. Das Leben war wie die Überfahrt mit dem Boot: Wir brechen auf mit einem Ziel, wollen ans andere Ufer kommen. Und dann sind da die Windwirbel, die Krisen unseres Lebens. Wir haben Rückschläge erlebt, Bedrohungen und Angst. Manchmal sind wir schier untergegangen. Oft haben wir den Boden unter den Füßen verloren und uns gefragt: Ist denn da keiner, der mir hilft? Und wenn wir dann Hilfe erfahren haben, war es, als wäre eine große Stille eingekehrt nach den Turbulenzen.

Aus der Stille wächst neue Hoffnung, neuer Mut! Denn wenn die Wellen über uns zusammenschlagen, geht uns die Übersicht verloren. Erst aus der Stille, aus dem Abstand, können wir klar sehen und finden eine neue Richtung.

Im Moment der höchsten Furcht und Gefahr schafft Jesus Stille. In der Stille weicht die Angst. In der Stille wächst Vertrauen und Glauben.

Unser ganzes Leben ist wie eine Überfahrt von einem Ufer zum anderen. Am Abend des Lebens würden wir gerne ankommen. Solange wir leben, wird aber immer dieses Ungewisse bleiben. Vor uns liegt eine letzte Wegstrecke.

»Was seid ihr so furchtsam?«, fragt Jesus. »Habt ihr denn keinen Glauben?« Und wieder wird unsere Erinnerung helfen, zu erkennen, was uns getragen hat in unserem langen Leben. Wieder werden wir uns öffnen müssen dafür, dass Gott uns beim Namen ruft. Wieder werden wir uns um Vertrauen bemühen müssen. Dann wird unsere Angst zwar nicht ein für alle Mal verschwinden, aber wir werden Wege aus der Angst finden. Bis zuletzt.

Die Früchte meines Lebens

Das Älterwerden ist auch die Zeit der Ernte. Das Werk unserer Hände, unser Lebenswerk, liegt zur Betrachtung frei. Es müssen nicht die großen Dinge sein. Wenn wir zurückblicken und über den Sinn dieses Lebens nachdenken, tritt der Wert unseres Wirkens zu Tage. Meist hat es von beidem etwas: von Erfolg und Niederlage, von Glanz und Schatten, von Befriedigung und Enttäuschung. Meist war es genug. Es ist zwar nicht immer alles genug gewürdigt worden. Aber das eine oder andere ist angekommen. Das eine oder andere hat sein Ziel erreicht. Das eine oder andere ist gelungen. Das eine oder andere hat Spuren hinterlassen.

Wo wir uns beim Nachdenken über unser Leben dennoch klein und wertlos fühlen, können wir Psalm 92 nachsprechen:

Freude am Lob Gottes

Das ist ein köstlich Ding, dem Herrn danken
und lobsingen deinem Namen, du Höchster,

des Morgens deine Gnade
und des Nachts deine Wahrheit verkündigen.
Denn, Herr, du lässest mich fröhlich singen
von deinen Werken,
und ich rühme die Taten deiner Hände.

Herr, wie sind deine Werke so groß!
Deine Gedanken sind sehr tief.
Ein Törichter glaubt das nicht,
und ein Narr begreift es nicht.

Die Gottlosen grünen wie das Gras,
und die Übeltäter blühen alle –
nur um vertilgt zu werden für immer!
Aber du, Herr, bist der Höchste
und bleibest ewiglich.

Der Gerechte wird grünen wie ein Palmbaum,
er wird wachsen wie eine Zeder auf dem Libanon.
Die gepflanzt sind im Hause des Herrn,
werden in den Vorhöfen unsres Gottes grünen.
Und wenn sie auch alt werden,
werden sie dennoch blühen, fruchtbar und frisch sein,
dass sie verkündigen, wie der Herr es recht macht;
er ist mein Fels und kein Unrecht ist an ihm.

Aus Psalm 92

Unser Leben ist nicht wertlos, wenn es nicht immer so weitergeht, wie wir es gerne hätten. Die Wurzeln kennen, oft geblüht zu haben, eine Ernte eingebracht zu haben – das sind Symbole sinnvollen Lebens. Unser Leben trägt Früchte. Wir würdigen sie selbst oft zu wenig. Am deutlichsten werden die gewürdigt, die ganz offensichtlich vor Augen sind. Aber viele wertvolle Früchte sind nicht so ohne weiteres sichtbar. Von manchen erfahren wir sogar nie.Womöglich konnten wir einen Mitmenschen aufrichten, ohne es zu wissen. Vielleicht konnten wir etwas geben, ohne uns dessen bewusst geworden zu sein.

Jedes Leben hat seine Früchte. Momente des Glücks, Augenblicke gelungener Gemeinschaft, Zeiten des Liebens. Aber auch schöpferische Zeiten, verwirklichte Ideen, Standpunkte, zu denen wir gefunden haben, Spuren, die wir im Leben anderer hinterlassen. Und so mag es gut sein.

Dankbarkeit

Die Frucht eines langen Lebens kann besonders die Dankbarkeit sein. Sie freut sich rückblickend an allem, was geglückt ist. Sie erkennt die Kostbarkeit geschenkter Zeit. Sie kann eine Antwort sein, wenn Gott uns bei unserem Namen ruft. Und sie lässt uns innehalten, wenn wir uns bewusst werden, dass unsere Tage gezählt sind.

Aber in solchen Momenten, wenn wir uns auf unsere Vergänglichkeit besinnen, steigen auch Trauer, Angst und Verzweiflung in uns auf. Dann können die Worte des folgenden Psalms uns helfen, diese Gefühle auszusprechen, und uns wieder zu Vertrauen und Dankbarkeit zurückführen:

Zuflucht in unserer Vergänglichkeit

Herr, du bist unsre Zuflucht für und für.
Ehe denn die Berge wurden und die Erde
und die Welt geschaffen wurden,
bist du, Gott, von Ewigkeit zu Ewigkeit.

Der du die Menschen lässest sterben
und sprichst: Kommt wieder, Menschenkinder!
Denn tausend Jahre sind vor dir

wie der Tag, der gestern vergangen ist,
und wie eine Nachtwache.
Du lässest sie dahinfahren wie einen Strom,
sie sind wie ein Schlaf,
wie ein Gras, das am Morgen noch sprosst
und des Abends welkt und verdorrt.

Das macht dein Zorn, dass wir so vergehen,
und dein Grimm, dass wir so plötzlich
dahinmüssen.
Denn unsre Missetaten stellst du vor dich,
unsre unerkannte Sünde ins Licht
vor deinem Angesicht.
Darum fahren alle unsre Tage dahin
durch deinen Zorn,
wir bringen unsre Jahre zu wie ein Geschwätz.
Unser Leben währet siebzig Jahre,
und wenn's hoch kommt,
so sind's achtzig Jahre,
und was daran köstlich scheint,
ist doch nur vergebliche Mühe;
denn es fähret schnell dahin,
als flögen wir davon.
Lehre uns bedenken, dass wir sterben müssen,
auf dass wir klug werden.

Herr, kehre dich doch endlich wieder zu uns
und sei deinen Knechten gnädig!
Fülle uns frühe mit deiner Gnade,
so wollen wir rühmen und fröhlich sein
unser Leben lang.
Erfreue uns nun wieder,
nachdem du uns so lange plagest,
nachdem wir so lange Unglück leiden.
Zeige deinen Knechten deine Werke
und deine Herrlichkeit ihren Kindern.
Und der Herr, unser Gott, sei uns freundlich
und fördere das Werk unsrer Hände bei uns.
Ja, das Werk unsrer Hände wollest du fördern!

Aus Psalm 90

Im Psalm 90 staunt und meditiert einer über Gott und die Welt. Er fragt nach dem Sinn von Werden und Vergehen.

Unser Leben ist wie das Gras, das – einstmals grün und saftig – älter wird, das wächst und dann vertrocknet.

Unser Leben ist wie das Gras. Wir selbst waren einmal jung und blühten und wuchsen und wurden langsam alt. Jetzt fühlt sich unser Leben karger an. Ein bisschen wie das verdorrte Gras.

Wir spüren die Traurigkeit, die damit verbunden ist. Und den Zorn. Es kann nicht anders sein, als dass Gott uns zürnt, wenn er uns zum Vergehen bestimmt. Aber auch wir selbst empfinden Zorn, wenn unsere Träume zerplatzen und wir vieles nicht mehr leben können. Und wir denken an das, was wir versäumt haben im Leben und woran wir schuldig geworden sind. Wie oberflächlich wirkt alles um uns, wenn unser Denken so in die tiefsten Schichten unserer Existenz eindringt.

Gerne würden wir klug genug werden, um zu verstehen, was wir nicht fassen können. Doch unser Denken stößt an eine Grenze, die wir nicht überwinden können: Es ist der Tod, der unser Denken und unser Leben so in Frage stellt. Aber ist es nicht auch der Tod, der uns lehrt, wie kostbar unsere Zeit ist?

Jeder Augenblick ist uns geschenkt. Wir sollten nicht nur an dem Vergangenen hängen, an der guten alten Zeit. Wir sollten auch nicht nur auf bessere Zeiten warten. *Jetzt* ist unsere Zeit! Für jeden einzelnen Moment dürfen wir Gott danken und ihn bitten: Erfreue uns wieder und fördere das Werk unserer Hände!

Abschied und Neuanfang

Manche von uns wollen festhalten, was gut war. Ein Leben lang bewahren wir Bilder in uns, die Zeichen dafür sind, wie wir einmal geborgen waren. Manche sterbende Menschen gehen noch einmal zurück ins Land ihrer Kindheit. Sie begegnen noch einmal dem Elternhaus, Vater und Mutter, fühlen sich zu Hause. Menschen, die ihre Heimat verloren haben, bewahren sie verklärt in ihrem Herzen. Es ist wie eine Sehnsucht nach dem Daheim, dieser Urgeborgenheit, die Kinder empfinden können.

Wir werden das Land unserer Kindheit nie mehr tatsächlich besuchen können. Diesen Ort gibt es nicht mehr. Es wird das Land unserer Sehnsucht bleiben. So wie wir selbst uns entwickelt und verändert haben, ist die Zeit auch über die Orte unseres Lebens gegangen. Es gibt sie nur noch in unserem Herzen.

Es ist so wie mit dem Regenbogen. Wenn wir bei ihm ankommen, ist er schon verschwunden. Zurück bleibt die Erinnerung an ihn, der so wundersam unser Herz berührt und unseren Blick verändert hat. In unserer Sehnsucht gilt es, die Ahnung zu wecken, dass da ein Versprechen ist. Es heißt: Es gibt Licht nach der Nacht. Es gibt Leben trotz des Todes. Es gibt Wärme nach der Kälte und Versöhnung nach dem Streit.

In dem Lied »Vertraut den neuen Wegen« kommt sehr schön zum Ausdruck, wie dieses Zeichen des Regenbogens Vertrauen in die Zukunft schenkt:

Vertraut den neuen Wegen

Vertraut den neuen Wegen,
auf die der Herr uns weist,
weil Leben heißt: sich regen,
weil Leben wandern heißt.
Seit leuchtend Gottes Bogen
am hohen Himmel stand,
sind Menschen ausgezogen
in das gelobte Land.

Vertraut den neuen Wegen
und wandert in die Zeit!

Gott will, dass ihr ein Segen
für seine Erde seid.
Der uns in frühen Zeiten
das Leben eingehaucht,
der wird uns dahin leiten,
wo er uns will und braucht.

Vertraut den neuen Wegen,
auf die uns Gott gesandt!
Er selbst kommt uns entgegen.
Die Zukunft ist sein Land.
Wer aufbricht, der kann hoffen
in Zeit und Ewigkeit.
Die Tore stehen offen.
Das Land ist hell und weit. *Klaus Peter Hertzsch*
(Evangelisches Gesangbuch, Nr. 395)

Im Älterwerden ist Aufbrechen oft schwer geworden. In einem langen Leben gab es Abschiede und Neuanfänge genug. Irgendwann scheint es zu reichen. Wir wollen nicht noch mehr Vertrautes zurücklassen müssen.

Aber es gibt auch innere Aufbrüche. Wenn wir annehmen lernen, was gewesen ist. Wenn wir loslassen lernen, was nicht zum Abschluss kam. Wenn wir stehen lassen können, was unfertig in unserem Leben bleiben muss.

Vertrauen ist so etwas wie eine innere Zukunft. Sie ist die Basis dafür, dass wir jedem Tag seinen eigenen, unverwechselbaren Sinn zutrauen.

Aufbrechen und Ankommen

Das klassische Beispiel für den Aufbruch alter Menschen sind Abraham und Sarah.

Der Herr sprach zu Abram: Geh aus deinem Vaterland und von deiner Verwandtschaft und aus deines Vaters Hause in ein Land, das ich dir zeigen will. Und ich will dich zum großen Volk machen und will dich segnen und dir einen großen Namen machen, und du sollst ein Segen sein.
Ich will segnen, die dich segnen, und verfluchen, die dich verfluchen; und in dir sollen gesegnet werden alle Geschlechter auf Erden.
Da zog Abram aus, wie der Herr zu ihm gesagt hatte, und Lot zog mit ihm. Abram aber war fünfundsiebzig Jahre alt, als er aus Haran zog.

So nahm Abram Sarai, seine Frau, und Lot, seines Bruders Sohn, mit aller ihrer Habe, die sie gewonnen hatten, und die Leute, die sie erworben hatten in Haran, und zogen aus, um ins Land Kanaan zu reisen. *1. Mose/Genesis 12,1-5*

Eine Nachahmung scheint auf den ersten Blick unmöglich. Einen so radikalen Bruch mit dem bisherigen Leben trauen wir uns meist nicht zu – und ebenso wenig diesen bedingungslosen Gehorsam. Aber alte Menschen fragen mit Recht: War es wirklich ein »blinder« Gehorsam, der die beiden bewegte, alles Vertraute zurückzulassen und in die Fremde zu ziehen? Gewiss nicht. Denn neben diesem Gehorsam war da vor allem ja eine Verheißung: das Versprechen eines gesegneten Lebens in dem Land, das Gott ihnen zeigen wird.

So fern stehen uns diese beiden alten Gestalten der Bibel gar nicht. Dieses verheißene Land steht auch für alle Sehnsucht nach einem Ankommen. Es steht für das Bedürfnis der älteren Menschen, endlich zur Ruhe kommen zu können. Und die Nachkommen geben diesem

Aufbruch seinen letzten Sinn. Es braucht immer wieder den liebenden, vertrauenden Aufbruch, wenn wir im Kontakt zur jüngeren Generation bleiben wollen und uns für die Gedanken der Jungen nach wie vor interessieren.

»...und vergib uns unsere Schuld...«

Wenn wir auf ein langes Leben zurückblicken, wird es immer Lebensabschnitte geben, die wir gerne anders gehabt hätten. Da sind Situationen, die wir nicht gerne erzählen. Es können kleine Dinge sein: ein böses Wort, von dem wir wissen, dass es andere verletzt hat; ein Wort, das wir nicht mehr rückgängig machen können. Es können auch schwerwiegende Dinge sein: Ein Vorgesetzter hat Angestellte entlassen müssen. In Notzeiten hat einer den anderen betrogen. Andere haben im Krieg getötet oder waren gewalttätig.

Wir haben vielleicht einander eingeengt, missachtet oder waren ungerecht. Manchmal haben wir uns entschuldigt. Manchmal haben wir versucht, Schuld wieder gutzumachen.

In Osteuropa gibt es einen Brauch. Wenn dort jemand im Sterben liegt, kommen die Nachbarn an sein Sterbebett und sagen: »Ich verzeihe dir alles, was du mir in deinem Leben Böses getan hast.« Und: »Bitte verzeih auch mir, wenn ich dir einmal wehgetan habe oder ungerecht zu dir war.« Und es heißt, dass durch diesen Verzeih-Brauch die Menschen leichter, versöhnter sterben.

Im Vaterunser bitten wir Gott: »Vergib uns unsere Schuld!« Vergebung ist etwas Heilsames. Oft bleiben wir verhärtet in unseren Auseinandersetzungen. Manchmal gibt es neue Anfänge. Wo wir ernsthaft um Vergebung bitten, bewegt sich etwas ganz Wesentliches in unserer Seele. Wir öffnen uns für einen neuen Anfang.

Und wenn wir sagen: »Wir vergeben unseren Schuldigern«, geben wir, was wir selbst oft so nötig brauchen. Es ist der Weg über die eigene Verletzung oder das Beleidigtsein hinaus zur Erleichterung des Lebens und des Sterbens.

Bleibe bei uns, denn es will Abend werden

Die Emmausjünger

Und siehe, zwei von ihnen gingen an demselben Tage in ein Dorf, das war von Jerusalem etwa zwei Wegstunden entfernt; dessen Name ist Emmaus. Und sie redeten miteinander von allen diesen Geschichten. Und es geschah, als sie so redeten und sich miteinander besprachen, da nahte sich Jesus selbst und ging mit ihnen. Aber ihre Augen wurden gehalten, dass sie ihn nicht erkannten.
Er sprach aber zu ihnen: Was sind das für Dinge, die ihr miteinander verhandelt unterwegs?
Da blieben sie traurig stehen. Und der eine, mit Namen Kleopas, antwortete und sprach zu ihm: Bist du der Einzige unter den Fremden in Jerusalem, der nicht weiß, was in diesen Tagen dort geschehen ist? Und er sprach zu ihnen: Was denn? Sie aber sprachen zu ihm: Das mit Jesus von Nazareth, der ein Prophet war, mächtig in Taten und Worten vor Gott und allem Volk; wie ihn unsre Hohenpriester und Oberen zur Todesstrafe überantwortet und gekreuzigt haben. Wir aber

hofften, er sei es, der Israel erlösen werde. Und über das alles ist heute der dritte Tag, dass dies geschehen ist. Auch haben uns erschreckt einige Frauen aus unserer Mitte, die sind früh bei dem Grab gewesen, haben seinen Leib nicht gefunden, kommen und sagen, sie haben eine Erscheinung von Engeln gesehen, die sagen, er lebe. Und einige von uns gingen hin zum Grab und fanden's so, wie die Frauen sagten; aber ihn sahen sie nicht. Und er sprach zu ihnen: O ihr Toren, zu trägen Herzens, all dem zu glauben, was die Propheten geredet haben! Musste nicht Christus dies erleiden und in seine Herrlichkeit eingehen? Und er fing an bei Mose und allen Propheten und legte ihnen aus, was in der ganzen Schrift von ihm gesagt war. Und sie kamen nahe an das Dorf, wo sie hingingen. Und er stellte sich, als wollte er weitergehen. Und sie nötigten ihn und sprachen: Bleibe bei uns; denn es will Abend werden und der Tag hat sich geneigt. Und er ging hinein, bei ihnen zu bleiben.
Und es geschah, als er mit ihnen zu Tisch saß, nahm er das Brot, dankte, brach's und gab's ihnen. Da wurden ihre Augen geöffnet und sie erkannten ihn. Und er verschwand vor ihnen.

Und sie sprachen untereinander: Brannte nicht unser Herz in uns, als er mit uns redete auf dem Wege und uns die Schrift öffnete?
Und sie standen auf zu derselben Stunde, kehrten zurück nach Jerusalem und fanden die Elf versammelt und die bei ihnen waren; die sprachen: Der Herr ist wahrhaftig auferstanden und Simon erschienen. Und sie erzählten ihnen, was auf dem Wege geschehen war und wie er von ihnen erkannt wurde, als er das Brot brach.

Lukas 24,13-35

Die traurigen Männer auf dem Weg nach Emmaus waren ganz in ihrem Schmerz gefangen. Sie sahen nicht mehr über sich selbst hinaus. So ist das in der Trauer. Viele älter gewordene Menschen kennen diese Situation gut. So viele Abschiede hat ein langes Leben mit sich gebracht.

Auch die Emmausjünger drehten sich um sich selbst und um das, was geschehen war. Als Jesus sich zu ihnen gesellte, erkannten sie ihn nicht. Wie auch? Ihr Herz war wie aus Stein, sie selbst noch ganz erstarrt. Es hat ihnen gut getan, dass da einer mit ihnen ging. Sie waren bedürftig geworden. Und seine Worte taten ihnen gut. Es war, als ob ihnen selbst die Worte ausgegangen waren. Sie konnten nur immer wiederholen, was sie schon tausendmal gesagt hatten.

Dann bitten sie: »Bleibe bei uns; denn es will Abend werden und der Tag hat sich geneigt.« Sie wollen jetzt nicht allein bleiben. In der Trauer sind sie ängstlich geworden und wissen fast nicht mehr, wer sie sind.

Ältergewordene werden die Gefühle der Männer von Emmaus gut nachvollziehen können. Immer wieder sind wir in ähnlichen Situationen. Wie gut, wenn einer bei uns bleibt! Wie gut, wenn wir jemanden haben, wenn es Abend wird! Im Älterwerden wie in allen Lebensaltern brauchen wir Menschen, die uns zuhören und uns erzählen. Menschen, die bei uns bleiben, wenn es Abend wird.

Der Abend steht auch für den Abend des Lebens, für unser Alter. Die Aufbrüche liegen zurück wie der Morgen, die Zeiten der Arbeit, die Zeiten der neuen Kontakte. Der Abend ist die Zeit des Zur-Ruhe-Kommens, aber auch die Zeit der Bedürftigkeit.

Als Jesus mit den Emmausjüngern das Brot bricht, erkennen sie ihn. Er ist mit ihnen gegangen, hat mit ihnen gesprochen und sich mit vertrauten Gesten zu erkennen gegeben. Die Geschichte geht uns nahe, weil wir das auch brauchen: dass jemand mit uns geht, dass jemand mit uns spricht, dass jemand uns vertraut ist.

Doch auch wir selbst können anderen zu solchen Menschen werden. Immer wieder.

Die Kraft im Älterwerden

Wenn wir die Nachrichten der Welt hören oder sehen, sind wir versucht, von der guten alten Zeit zu sprechen, in der alles noch besser war. »Wohin soll das alles noch führen?«, fragen viele der älteren Menschen. Sie haben das Gefühl, die Welt werde insgesamt immer schlechter. Dabei vergessen sie, dass sich Terror und Krieg, Katastrophen und Untergänge durch die ganze Geschichte der Menschheit ziehen. Aber in jungen Jahren konnten wir uns dem besser stellen. Wir fühlten uns schwierigen Herausforderungen eher gewachsen. Unsere Kraft hielt Bedrohungen stand.

Jetzt, wenn unsere Kräfte nachgelassen haben, fühlen wir uns ausgeliefert. Wenn unser Leben passiver geworden ist, meinen wir, nichts mehr tun zu können. Und doch haben gerade ältere Menschen aus dem Schatz ihrer Erfahrungen sinnvolle Möglichkeiten.

Fürbitte

Die Welt braucht die guten Gedanken der älteren Menschen. Die Welt braucht die Fürbitte aus dem Herzen älterer Menschen.

Vielleicht können Sie dazu Platz nehmen am Fenster Ihres Zuhauses und Ihren Blick nach draußen wenden. Wo Sie sich vorstellen, wie die Menschen dort leben und wer dort lebt, können Sie in wohlwollenden Gedanken Ihre Visionen von der Welt entwerfen. Vielleicht entsteht so ein Gebet Ihres Herzens. Es könnte etwa so lauten:

Du, mein Gott,
bevor ich zu dir sprechen konnte,
hast du mich schon angeredet.
Bevor es mich gab, warst du schon da.
Wenn ich nicht mehr sein werde,
wirst du immer noch diese Welt regieren.
Jetzt habe ich Zeit,
über mein Leben nachzudenken.

Ich denke dankbar
an alles, was ich erlebt habe.
Ich habe Menschen an meiner Seite gehabt.
Sie haben mich geliebt. Ich konnte sie lieben.
Auch wenn manches unvollkommen
geblieben ist,
behält doch das seinen Wert, was gelungen ist.
Ich konnte lachen. Ich hatte Erfolge.
Wo ich keinen Ausweg sah,
ist es doch weitergegangen.

Jetzt denke ich daran,
dass andere Verantwortung übernommen
haben.
Ich möchte darauf vertrauen,
dass sie sich Mühe geben
und dass du ihrem Bemühen um das Gute
Gelingen schenkst.
Auch wenn mir vieles Angst macht,
was an Neuem geschieht auf dieser Welt,
will ich meine Hoffnung nicht aufgeben.
Auch wenn ich mich oft alleine fühle,
möchte ich die Liebe nicht vergessen,
die mir geschenkt war.

Und wenn es dunkel um mich scheint,
möchte ich daran glauben,
dass noch anderes auf mich wartet.

Du, mein Gott,
du rufst mich bei meinem Namen.
Es erwacht in mir Vertrauen.
Ich fühle mich geborgen.
Ich erahne deinen Frieden.
Aus meinem Herzen bitte ich für alle,
die jetzt für mich und andere sorgen,
dass sie ohne Angst ihre Wege gehen.
Ich bitte für sie um Liebe, um Erfüllung
und Gemeinschaft.

Amen.

Gottes Liebe weitertragen

Im Matthäusevangelium wird berichtet, wie Jesus den Seinen einen Auftrag gibt:

Jesus trat zu den elf Jüngern und sprach zu ihnen: Mir ist gegeben alle Gewalt im Himmel und auf Erden. Darum gehet hin und machet zu Jüngern alle Völker: Taufet sie auf den Namen des Vaters und des Sohnes und des Heiligen Geistes und lehret sie halten alles, was ich euch befohlen habe. Und siehe, ich bin bei euch alle Tage bis an der Welt Ende. *Matthäus 28,18-20*

Tut das Eure, heißt der Auftrag Jesu, tut das Eure, damit auch andere erfahren, dass sie bei ihrem Namen gerufen sind. Wenn wir auf den Namen Gottes getauft werden, liegt darin auch sein Versprechen: »Siehe, ich bin bei euch alle Tage bis ans Ende der Welt.« Das ist der Name Gottes: Der, der war, ist und sein wird.

Wo er uns beim Namen ruft, antwortet es in uns: Ich bin nicht allein. Es gibt Frieden. Ich bin geborgen. In aller Dunkelheit leuchtet mir sein Licht entgegen. Manchmal nur klein und fast unscheinbar, aber immer so, dass die Dunkelheit nicht dunkel bleibt. So kommt seine Kraft zu mir: wie die Flamme einer kleinen Kerze inmitten einer großen Nacht. Was für eine Verheißung liegt darin, wenn meine eigene Kraft, das, was ich noch kann, auch nur so klein ist wie ein Kerzenlicht in dunkler Nacht!

Wo ich etwas davon weitergegeben habe, habe ich den Auftrag Jesu erfüllt. Konnte ich Liebe schenken? Konnte ich denen vergeben, die mir etwas schuldig blieben? Habe ich mir Mühe gegeben mit meinem Leben?

Jesus hat uns dafür sein Gebet gelehrt. Der, der uns beim Namen ruft, ist wie ein Vater, der es gut mit uns meint. Einer, bei dem wir uns aufgehoben wissen. Wenn wir das Vaterunser beten, werden wir aufhorchen und aufsehen und über uns selbst hinausblicken. Es ist wie die Zusammenfassung der Gedanken in diesem Büchlein, wie die Zusammenfassung dessen, was wir brauchen, ob wir jung geblieben oder älter geworden sind.

Unser Vater im Himmel!
Dein Name werde geheiligt.
Dein Reich komme.
Dein Wille geschehe wie im Himmel so auf Erden.
Unser tägliches Brot gib uns heute.
Und vergib uns unsere Schuld,
wie auch wir vergeben unsern Schuldigern.
Und führe uns nicht in Versuchung,
sondern erlöse uns von dem Bösen.
Denn dein ist das Reich und die Kraft und die Herrlichkeit in Ewigkeit. Amen.

Matthäus 6,9-13

In gleicher Ausstattung erschienen

jeweils mit 4 Meditationsbildern
von Irmhild Reinker-Schlüter

Guter Rat
Lebensweisheit aus der Bibel
ISBN 3-438-04404-8

Nicht allein gelassen
Eine Handreichung zur Begleitung
von schwer kranken und sterbenden Menschen
ISBN 3-438-04406-4

Ingo Sperl, Ein Horizont der Hoffnung
Hilfen auf dem Weg der Trauer
ISBN 3-438-04407-2

Rainer Barcis, Du führst mich an deiner Hand
Ein Wegbegleiter in Tagen der Krankheit
ISBN 3-438-04426-9